LE

BUDGET

DE

1862

PAR

AUGUSTE VITU

PARIS
E. DENTU, LIBRAIRE-ÉDITEUR
PALAIS-ROYAL, 13 ET 17, GALERIE D'ORLÉANS

1861

LE BUDGET

DE 1862

I

Nous nous proposons d'étudier avec quelque détail, à propos du budget de 1862, les principales questions financières récemment soulevées par la discussion publique. La condition préliminaire de cette étude, c'est l'exposé des données positives de la question, c'est-à-dire des chiffres principaux dans lesquels se résume toute l'économie du budget de 1862.

Sous son aspect le plus général, ce budget se présentait d'abord ainsi :

Dépenses ordinaires et extraordinaires. . .	1.929.448.725	»
Voies et moyens ordinaires et extraordinaires.	1.941.030.275	»
Ce qui constitue un excédant de recette de. .	11.581.550	»

En tenant compte de la distinction créée entre les recettes et dépenses d'ordre, et les charges et ressources réelles de l'État, on trouve que les recettes et dépenses d'ordre s'élèvent, tant à l'actif qu'au passif, à 619.119.313 fr., ce qui réduit les dépenses ordinaires et extraordinaires constituant la charge réelle de l'État à f. 1.310.329.412

Et les recettes ordinaires et extraordinaires constituant les ressources réelles de l'Etat à. 1.321.910.962

Et l'on retrouve le même excédant de recettes, soit fr. 11.581.550

Comparé aux évaluations adoptées pour le budget de 1861, le budget de 1862 offre les différences suivantes :

Recettes probables de 1862.	1.941.030.275
Évaluations adoptées pour 1861.	1.840,775.670
Augmentation des recettes pour 1862.	100,254.605

Dépenses probables de 1862.	1,929.448.725
Évaluations adoptées pour 1861.	1.840.121.858
Augmentation des dépenses pour 1862.	89.326.867

Le budget général se divise en deux services : le service ordinaire, comprenant les besoins et les ressources habituels de l'exercice, et le service extraordinaire, comprenant des dépenses de grands travaux publics, qui s'atténuent par les remboursements à faire au Trésor par différentes compagnies de chemins de fer. Les recettes du service ordinaire sont de. 1.940.196.912

Les dépenses ne s'élèvent qu'à.	1.885.018.725
Ce qui laisse un excédant de fr.	55.178.187
Les recettes extraordinaires sont de fr.	833.363
Les dépenses des travaux extraordinaires sont de fr.	44.430.000
Ce qui laisse un découvert de fr.	43.596.637
auquel on subvient par l'excédant des ressources ordinaires, montant comme ci-dessus à fr.	55.178.187
D'où résulte l'excédant final de fr.	11.581.550
Les dépenses ordinaires de 1862 étant évaluées, comme on vient de le voir, à fr.	1.885.018.725
Présentent sur les évaluations de 1861, qui n'étaient que de fr.	1.808.221.858
Une augmentation de fr.	76,796.867

Pour retrouver la balance du budget de 1862, il suffit de remarquer que les recettes de 1861 étaient évaluées à. 1.840.775.670

Et les dépenses à.	1.840.121.858
De sorte que le budget de 1861 se réglait par un excédant de recettes de.	653.812

D'autre part, 1862 présente, sur 1861, un excédant de recettes de fr. 100,254.605

Et un excédant de dépenses de fr.	89.326.867
Ce qui laisse libre une somme de fr.	10.927.738
Y ajoutant l'excédant prévu en 1861, fr.	653.812
On retrouve l'excédant de recettes total indiqué par le projet de loi pour 1862, fr.	11.581.550

Pour pouvoir comparer exactement les deux exercices, il faut retrancher de l'augmentation générale de 76.796.867 fr. :

1° Les dépenses des Facultés, dont le budget est, cette fois, rattaché au budget de l'État, conformément au vœu émis l'année dernière par la commission du Corps législatif ; ce n'est pas là, par conséquent, une dépense nouvelle, elle monte à fr. 2.693.500

2° Le montant des dépenses de tous les services publics dans les trois nouveaux départements de la Savoie, de la Haute-Savoie et des Alpes maritimes. 13.113.366

Total des sommes à retrancher. 15,806.866

pour pouvoir établir la comparaison entre les deux budgets de 1862 et de 1861.

L'augmentation prévue pour le service ordinaire de 1862 est de. 76.796,867

Retranchant la somme ci-dessus. 15.806.866

L'augmentation comparative se trouve réduite à. 60.990.001

Une certaine partie de ces dépenses nouvelles, telles que :

Le service départemental pour.	2.396.000	
La fabrication des monnaies de bronze pour.	1.350.000	
Le reboisement des montagnes et les routes forestières pour.	2.000.000	10.558.406
Les poudres à feu pour.	252.000	
Les tabacs pour.	3.818.133	
Les remboursements et restitutions pour.	742.273	
Ensemble.	10.558.406	

Ne doivent être considérées que comme des dépenses d'ordre, puisqu'elles sont couvertes par des recettes correspondantes ou mêmes supérieures.

Reste pour l'augmentation réelle des dépenses ordinaire en 1862, à reporter. 50.431.595

Une autre partie de cette augmentation est le résultat des faits accomplis, et ne paraît susceptible d'aucune discussion, savoir :

Les crédits nécessaires au service de la dette consolidée et du fonds d'amortissement, soit pour la consolidation des réserves de l'amortissement, soit

Report.		50.431.595
pour l'emploi des excédants de la caisse de dotation de l'armée, pour fr.	6.736.728	
Le supplément de dotation de la Légion d'Honneur, pour.	600,000	
La seconde annuité pour l'augmentation des traitements de la magistrature.	1.461.345	12.109.743
Le personnel et le matériel des lignes télégraphiques.	2.511.670	
Le remboursement du travail des condamnés.	800.000	
	12.109.743	
Ce qui réduit définitivement l'augmentation des divers services à.		38.321.852

Cette augmentation appartient pour 26,840,261 au ministère de la guerre, tant à raison de l'organisation de la réserve, que de la réorganisation de l'artillerie et des équipages militaires, de l'amélioration de l'ordinaire des troupes, de l'élévation des petits traitements inférieurs à 1,200 fr., etc. ; la marine obtient une augmentation de 4,389,627 fr., et les différents services civils une augmentation qui, compensation faite de quelques diminutions, ne s'élève pas à plus de 6,844,114 fr., dont plus d'un million est afférent aux frais de régie et de perception des impôts, frais qui suivent nécessairement la progression du revenu public.

Les dépenses des travaux extraordinaires sont portées pour 1862, à fr.	44.430.000
Elles n'étaient pour 1861 que de fr.	31.900.000
C'est une augmentation de fr.	12.530.000

Sur cette somme 1,476,300 fr. seront affectés aux trois nouveaux départements annexés ; le surplus est destiné à l'amélioration plus prompte et plus complète de toutes les voies de communication et à l'achèvement des grandes lignes de chemins de fer.

Nous avons vu que les recettes de 1862 présentent une évaluation supérieure de 100,254,605 fr. à celles de 1861. Il faut en défalquer d'abord, 1° 13,428,477 fr., montant des recettes probables des trois

nouveaux départements annexés ; ci, fr.	13.428.477
2° Le produit des droits perçus dans les Facultés et qui n'étaient pas compris dans le budget de 1861. .	2.693.500
Ensemble fr.	16.121.977

Ce qui ramène à 84,132,628 fr. l'augmentation réelle des recettes. Cette somme se décompose ainsi :

Contributions directes.	7.057.116
Produit des forêts et de la pêche.	3.975.500
Impôts et revenus indirects.	65.016.000
Produits éventuels du service départemental. . .	1.000.000
Retenues, etc., affectées au service des pensions civiles.	265.010
Réserve de l'amortissement.	5.416.894
Produits divers.	5.331.108
Ensemble.	88.061.628
Défalquant une diminution de 3,429,000 fr. sur les ventes d'immeubles et de 500,000 fr. sur les remboursements par les compagnies des chemins de fer.	3.929.000
On retrouve la somme égale à l'augmentation ci-dessus.	84,132.628

Examinons maintenant les principales natures de dépenses et de recettes qui composent, pour 1862, le budget de la France.

II

En tête du budget général des dépenses se présente la dette publique. Elle se compose de quatre sections : la première, qui comprend la dette consolidée et l'amortissement, est la plus importante, et nous croyons intéressant d'en reproduire ici les chiffres :

1° Rentes 4 1/2 pour 100, 1852	172.511.365
2° Rentes 4 1/2 ancien.	884.560
3° Rentes 4 pour 100.	2.211.090
4° Rentes 3 pour 100.	141.014.999
A reporter.	316.622.014

Report. . . .	316.622.014
5° Amortissement.	142.928.909
Ensemble.	459.550.923
La deuxième section comprend les emprunts spéciaux pour canaux et travaux divers.	9.486.726
La troisième, les capitaux remboursables à divers titres, intérêts des cautionnements, de la dette flottante, etc.	37.059.832
La quatrième section, la dette viagère, savoir les pensions civiles et militaires, les rentes pour la vieillesse, etc.	72.767.981
Ainsi, la dette publique s'élève en totalité à fr. .	578.865.462

C'est-à-dire à 31 pour 100 ou un peu moins d'un tiers du montant des dépenses ordinaires.

En Angleterre, d'après le dernier budget, le service de la dette employait environ 635 millions de francs sur un budget de 1,750 millions, soit plus de 36 pour 100.

La deuxième partie du budget du ministère des finances, comprenant la liste civile de l'Empereur, la dotation des princes et princesses de la famille impériale et du Sénat, les dépenses administratives des deux Chambres, etc., etc., s'élève à fr.	43.645.640
Joignant à ces dépenses, qui sont constitutionnellement fixées, le montant de la dette publique, fr.	578.865.462
On trouve pour les dépenses invariables qui ne sont pas susceptibles de discussion, la somme de fr.	622.511.102

Soit précisément le tiers du budget des dépenses ordinaires.

On trouve ensuite :

Service général des finances, fr.	21.765.772
Frais de régie, de perception et d'exploitation des impôts et revenus publics, fr.	211.635.173
Remboursements, non-valeur, etc., fr.	112.304.116
Y ajoutant les sommes invariables ci-dessus indiquées.	622.511.102
On a un total de fr. . . .	968.216.163

qui forment le budget du seul ministère des finances. On voit que ce vaste département absorbe à lui seul plus de la moitié du montant total du budget.

Les autres ministères emploient :

Le ministère d'État, qui comprend le conseil privé, les ministres sans portefeuille, le conseil d'État, les archives de l'Empire, les haras, les sciences et les lettres (Institut, bibliothèques, etc.), les beaux-arts et théâtres, les bâtiments civils, etc.		16.777.600
Plus, en travaux extraordinaires (réunion du Louvre aux Tuileries).		1.000.000
Ensemble. . . .		17.777.600
Le ministère de la justice y compris le service de la justice française en Algérie.		31.581.350
Les affaires étrangères.		11.213.950
Le ministère de l'intérieur n'emprunte aux fonds généraux du budget que.	52.182.771	170.802.771
mais il dispose en ressources spéciales pour les dépenses départementales de.	118.620.000	
Le ministère de la guerre coûte. .	372.972.421	390.487.736
Et le gouvernement général de l'Algérie.	17.515.315	
Le ministère de la marine coûte.	126.015.319	149.337.819
Et le service colonial.	23.322.460	
L'instruction publique dépense. .	23.162.100	73.032.036
Et le service des cultes.	49.869.936	
Le ministère de l'agriculture, du commerce et des travaux publics coûte.	73.569.300	116.999.300
Et en travaux extraordinaires pour 1862.	43,430.000	
Total des divers ministères.		961.232.562
En y ajoutant le budget du ministère des finances		968.216.163
on retrouve une somme égale au montant général du budget..		1.929.448.725

D'après ce qui précède, les divers services doivent être classés comme suit :

Finances et dette publique, en nombre ronds.	968 millions,	soit 50.» %
Guerre.	390 —	21.»
Intérieur.	171 —	8.8
Marine.	126 —	6.5
A reporter.	1,655 millons,	soit 86.3 %

Report. . . .	1.655	millions, soit	86.3 °/₀
Agriculture, commerce et travaux publics.	117	—	6.0
Cultes	50	—	2.5
Justice.	32	—	1.5
Colonies	23	—	1.1
Instruction publique.	23	—	1.1
Ministère d'État.	18	—	0.9
Affaires étrangères.	11	—	0.6
Total.	1.929		100. » °/₀

On a pu remarquer, dans les subdivisions du ministère des finances, que la somme totale des frais de régie et de perceptions des impôts, s'élève en totalité à 211,635,173 fr., non compris, il est vrai, les traitements et remises des receveurs-généraux et particuliers, qui sont considérés, non comme frais de recouvrement, mais comme frais de trésorerie. Ajoutons, si l'on veut, à ces 211,635,173 fr. les 5,722,000 fr. que coûtent les receveurs-généraux et particuliers, et l'on aura une somme de 217,357,173 fr. pour tous frais de recouvrement d'un budget qui s'élève à 1,929,448,725 fr. C'est à peu près 11 0/0 de la recette, 12 0/0 si l'on ajoute aux dépenses de recouvrement la dépense des administrations centrales, montant à 2,510,300 fr., ce qui porte réellement à 214,145,473 fr. les sommes prélevées sur le budget par les diverses branches de service chargées du recouvrement de l'impôt.

Nous avons dressé le tableau des dépenses de chacun de ces services, y compris les frais d'administration centrale, comparées aux recettes réelles qu'elles effectuent :

	Dépenses.	Recettes effectuées, nombres ronds.	Proportion 0/0.
	—	—	—
Administration des contributions directes	17,500,935	489,000,000	3.5
Enregistrement, timbre, domaines.	14,315,800	377,500,000	3.8
Forêts (1).	8,248,770	40,000,000	20.0
Douanes et contributions indirectes	63,997,812	693,000,000	9.2
Tabacs.	61,856,567	223,400,000	28.5
Postes	46,225,589	63,000,000	74.0
Totaux et moyenne.	212,145,473	1,887,900,000	11.5

(1) Déduction faite d'un crédit de 2 millions porté cette année au budget des forêts,

Ce petit tableau rend très-saillantes des conséquences généralement peu connues. Nous espérons qu'il dissipera des préjugés très-injustes sur la prétendue cherté du recouvrement des impôts en France : l'impôt direct est recouvré moyennant 3 1/2 0/0 ; l'enregistrement, le timbre et les domaines moyennant un peu moins de 4 0/0. Nous croyons qu'on peut hardiment défier tout autre pays, non-seulement de faire mieux, mais seulement de faire aussi bien.

Le service des douanes et des contributions indirectes coûte plus cher, environ 9 0/0 ; mais c'est l'inconvénient inhérent de ce genre d'impôts, qui ne peut être productif que s'il est protégé par une sorte de force armée chargée de rechercher et de prévenir la fraude. Des causes analogues agissent sur la dépense des forêts. Quant aux tabacs et aux postes, il saute aux yeux que ce ne sont pas des impôts proprement dits, mais bien des industries privilégiées ; leurs dépenses n'ont donc en rien le caractère de frais de recouvrements, elles ne représentent rien autre chose que les frais généraux d'une industrie, matières premières et manutention ; la différence entre la recette et la dépense est la représentation d'un bénéfice et non le résultat d'un impôt. A ce point de vue, qui est le véritable, il n'est plus exact de dire que l'administration des tabacs coûte 28 0/0 de sa recette, et que les postes coûtent 74 0/0 ; il faut dire, et l'on dira juste, que les postes produisent un excédant de 26 0/0 de leurs dépenses, et que les tabacs donnent un bénéfice de 72 0/0.

Et cependant, tout compris, c'est-à-dire en confondant entre elles des natures de recettes qui n'ont rien de commun que le nom, les frais de recouvrement du revenu public en France ne sont que de 11 1/2 pour 100 en moyenne ; ils ne sont que de 3 1/2 à 4 pour 100 sur les véritables impôts.

Il y a loin de là aux exagérations qui ont cours dans le public peu éclairé et même dans certains journaux, qui devraient se faire scrupule de répandre de fausses notions sur une matière si délicate. N'a-t-on pas imprimé quelque part, il n'y a pas bien longtemps, que les frais de recouvrement et les non-valeurs absorbaient un tiers des recettes, c'est-à-dire une somme égale à 50 pour 100 du revenu net ?

On s'explique à peine le crédit que rencontrent de pareilles énormités. Cependant, il n'est pas impossible d'en retrouver l'origine dans une disposition de nos budgets évidemment mal comprise par les lecteurs inexpérimentés. C'est une matière que nous allons traiter en étudiant la classification des budgets actuels et la distinction qu'ils ont adoptée entre les recettes et dépenses réelles et les recettes et dépenses d'ordre et de recouvrement.

pour reboisement et routes forestières, qui ne peut pas être considéré comme une pure dépense administrative, et qui d'ailleurs est couvert par des ressources spéciales.

III

Le montant total des budgets, soit en recette, soit en dépense, ne représente pas, à beaucoup près, une somme réellement prélevée sur le contribuable ; il représente encore moins une somme réellement payée ou reçue par l'État. En effet, ce total est grossi par un grand nombre d'articles qui n'y sont inscrits que pour ordre ou par suite d'artifices de comptabilité ; et par conséquent il y aurait un grand intérêt à présenter au public le tableau des comptes réels, débarrassés de tous ces appendices grossissants qui forment, qu'on nous passe le mot, comme la crinoline du budget.

Le regrettable M. Bineau, ministre des finances, conçut le premier la pensée, en 1852, de présenter le chiffre au vrai à côté du chiffre comptable, et il divisa tous les articles du budget en deux colonnes : 1° charges et ressources de l'État ; 2° recettes et dépenses d'ordre et frais de recouvrement. L'idée est simple et juste ; mais, comme la distinction entre les dépenses d'ordre et les frais de recouvrement ne ressort clairement que de l'examen attentif du budget général des voies et moyens, tandis que, dans tout le reste des volumineux documents qui composent le projet de droit annuel, elles sont confondues sous un même titre, il en résulte, aux yeux des lecteurs superficiels ou inexpérimentés, l'étrange erreur que nous avons déjà signalée et qui est plus répandue qu'on ne le croit.

Le caractère des dépenses et des recettes d'ordre est facile à saisir ; toute recette d'ordre est une recette qui est portée au crédit du budget, mais qui entraîne, comme conséquence, l'inscription au débit d'une dépense par laquelle elle est annulée ; et, réciproquement, une dépense d'ordre est une dépense qui, portée au débit du budget, est balancée à son crédit par une recette corrélative ; de sorte que, dans les deux cas, le total du budget, au débit comme au crédit, se trouve augmenté d'une somme identiquement pareille, sans que le contribuable ni l'État en déboursent un centime. Ainsi, par exemple, les pensions civiles, outre les fonds ordinaires du budget, sont alimentées par une ressource spéciale, c'est-à-dire par des retenues exercées sur le traitement des employés ; ces retenues s'élèveront à 13,577,000 f. pour l'exercice 1862. Eh bien ! on voit inscrite au budget des recettes une somme de 13,577,000 fr. provenant de retenues exercées sur les traitements des employés, et au budget des dépenses une somme de 13,577,000 fr. pour dépenses des pensions civiles. La recette et la dépense s'annulent réciproquement ; cependant, comme le budget a tenu compte des deux côtés de cette ressource spéciale, son total apparent s'est grossi de 13,577,000 fr. que n'ont pas payés les contribuables, et qui ne seront pas prélevés sur les ressources du Trésor. C'est là l'exemple d'une recette et d'une dépense d'ordre inscrites pour tenir compte d'une ressource spéciale.

Mais il y a des cas où l'écriture d'ordre ne représente même pas des ressources spéciales entrées par une porte et sorties par l'autre. Elle ne représente alors rien autre chose qu'une sorte de virement, un paiement ou une recette fictive effectuée par le Trésor sur lui-même, ou par un minstère sur un autre ministère. La plus grosse des dépenses et des recettes d'ordre se range précisément dans cette catégorie. Nous voulons parler de l'amortissement. On sait que la nécessité de pourvoir à l'équilibre du budget a déterminé le gouvernement à proposer la suspension de l'amortissement pour l'exercice 1862. Ceci oblige à passer une écriture double : d'une part, le service de la dette publique comprend le montant de l'amortissement s'élevant à 142,928,000 fr. ; d'autre part, le budget des recettes comprend cette même somme parmi les voies et moyens de l'exercice. Or, comme le montant de l'amortissement est prélevé sur les recettes générales de l'Empire, et qu'il y figure ensuite comme ressource spéciale, il se trouve qu'il est compté deux fois, puisqu'il est d'abord encaissé par le service de la dette publique, et qu'ensuite il est rendu par le service de la dette publique aux services généraux de l'État. De ce seul chef, le montant nominal du budget est grossi, tant à la recette qu'à la dépense, d'une somme de 142,328,000 fr.

La combinaison de toutes ces recettes et dépenses fictives ou qui ne font que traverser les caisses du Trésor comme elles traverseraient les caisses d'un banquier commissionnaire, grossit le budget d'un bon tiers.

Mais ce qu'on appelle les frais de recouvrement sont réellement payés par les contribuables, et il n'est pas absolument exact de dire qu'ils ne font pas partie des charges de l'État, puisque l'État en applique le montant aux émoluments d'un nombre considérable d'employés. Il n'y a aucun intérêt pratique ni politique à maintenir cette confusion ; il y en aurait, au contraire, un très-grand à la faire disparaître, en distinguant nettement, dans tous les comptes, cette double origine des deniers. En effet, le budget de 1862 comporte aux dépenses une somme totale de 1,929,448,725, dont 619,119,313, c'est-à-dire plus de 30 pour 100, en sont défalqués dans les résumés généraux du budget sous le titre collectif de « dépenses d'ordre et de frais de perception. » Quels sont, dans le public, les lecteurs assez attentifs et assez curieux pour aller rechercher dans le tableau spécial qu'on papelle budget général des voies et moyens, la part exacte de chacune de ces deux natures de dépense? N'est-il pas à craindre qu'ils ne prennent cette désignation collective au pied de la lettre, et qu'ils n'imaginent que les frais de perception absorbent la plus grande partie, sinon la totalité, de cette énorme somme de 619 millions de francs : tandis qu'en réalité les frais de perception ne sont que de 211,635,173 francs, et que les vraies dépenses d'ordre, les dépenses fictives, y compris les restitutions, les non-valeurs et les primes à l'exportation, s'élèvent à 407,484,140 francs.

L'essentiel, après tout, est de savoir quelle est au juste la somme demandée à l'impôt. C'est ce que nous allons rechercher; et cette recherche nous amènera naturellement à distinguer entre elles les sources en réalité très-diverses auxquelles s'alimente le revenu public.

En premier lieu, nous devons mettre à part toute une nature de recettes qui n'empruntent rien à l'impôt, et que l'État perçoit en qualité ou de propriétaire ou d'usufruitier ; ce sont :

1° Les revenus et le prix de vente des domaines montant à	9.392.000
2° Le prix de vente d'objets mobiliers provenant des ministères.	7.488.000
3° Les produits d'établissement spéciaux régis ou affermés par l'État.	1.560.416
4° Les produits des forêts et de la pêche.	41.911.000
5° Les produits de l Algérie.	23.708.000
6° Les produits divers, tels que rentes de l'Inde, revenus d'établissements spéciaux, etc.	8.651.700
Total des revenus ne provenant pas de l'impôt. .	92.711.116

Viennent ensuite les quatre contributions directes, qui s'élèvent à 488,808,416 francs, dont 104,067,000 francs, affectés à des dépenses spéciales et restitués aux départements et aux communes, sont considérés comme dépenses d'ordre, ce qui réduit le chiffre des contributions directes à. 384.741.416

On peut y ajouter certains produits directs très-variés, la taxe sur les biens de main-morte, les redevances des mines, etc.	4.600.000
Total des impôts directs.	389.341.416

Les autres impôts, bien que généralement appelés impôts indirects, ont quelquefois un caractère mixte ; tels sont, par exemple, l'enregistrement, le timbre et l'hypothèque, qui, à de certains moments, prennent le caractère d'un impôt direct sur la propriété ; leur produit est de fr. 358.962.000

Les vrais impôts indirects sont les impôts de consommation, douanes, sels, boissons et sucres, savoir :

1° Douanes et sels, fr.	170.675.000
2° Boissons.	201.500.000
3° Taxe de consommation des sels perçue hors du rayon des douanes.	9.834.000
4° Droit de fabrication sur les sucres indigènes.	49.390.000
5° Droits divers.	51.216.000
Ensemble. . . .	482.615.000

Enfin, d'autres impôts indirects sont les produits de monopoles, et le public ne les acquitte qu'en échange d'une marchandise ou d'un service rendu ; ce sont :

1° La vente des tabacs, fr.	223.400.000
2° La vente des poudres à feu.	10.423.000
3° Les postes.	62.976.000
4° Le bénéfice sur la fabrication des monnaies et médailles.	1.907.100
5° Les produits de la télégraphie privée.	5.500.000
Ensemble.	304.206.100

On peut ajouter aux produits indirects une foule de recettes dont la nomenclature serait fastidieuse et qui produisent une somme totale de fr. 17.181.256

Enfin, le tableau des voies et moyens du budget de 1862 se complète par les ressources extraordinaires provenant de diverses compagnies de chemins de fer et montant à fr. 833.363

En récapitulant par grandes masses, nous trouvons que l'impôt se compose :

1° De contributions directes pour.		389.341.416
2° De contributions indirectes pour :		
Enregistrement, timbre, domaine.	358.962.000	1.162.964.356
Douanes, sels, boissons, etc. . .	482.615.000	
Tabacs, poudres, postes, etc. . .	304.206.100	
Divers.	17.181.256	
		1.552.305.772
Dont il faut déduire, pour remboursements, restitutions, non valeurs, primes et escomptes. . . .		113.204.116
D'où il résulte que la somme réellement produite par l'impôt est de.		1.440.001.656

Un quart seulement de cette somme est exigé directement; le surplus se paie sous toutes les formes, en proportion de la consommation, et il est même quelques-unes de ces taxes, et des plus importantes, comme les tabacs montant à 223 millions et demi, auxquelles le public est absolument libre de se soustraire; d'autres, comme le service des postes, qui n'ont à vrai dire aucun caractère fiscal, puisqu'elles rendent un service indispensable, moyennant un prix moins élevé que ne le donnerait l'industrie privée. Tenant compte de cette double circonstance, si de la somme ci-dessus indiquée de fr. . . 1.440.001.656 on défalque, comme cela est juste :

1° Les frais de régie et d'exploitation des tabacs, etc.	61.678.567	107.128.156
2° Les frais de perception et d'exploitation des postes.	45.449.589	
de manière à ne laisser à la charge du contribuable que le bénéfice administratif constituant l'impôt proprement dit, il ne reste comme impôt réellement payé par les contribuables, que		1.332.973.500

Pour reconstituer les sommes du budget des recettes, il suffit d'ajouter au montant général des impôts, indiqué plus haut, soit,

francs.	1.440.001.656
1° Le produit des domaines..	92.711.116
2° Les remboursements et restitutions, primes et non-valeurs.	112.304.116
3° Les recettes d'ordre proprement dites.	295.180.024
4° Les ressources extraordinaires..	833.363
Et l'on retrouve pour total la somme de..	1.941.030.275

égale au montant général des sommes inscrites au budget pour les recettes ordinaires et extraordinaires réunies.

IV

Nous avons vu que le total général du budget de 1862, tout compris, dépenses ordinaires et extraordinaires, dépenses d'ordre et frais de recouvrement, s'élève à 1,929,448,725 fr.; c'est un gros chiffre, qui se réduit à la vérité à 13 ou 1,400 millions de dépenses réelles;

mais enfin c'est un très-gros chiffre, et il suffit de le comparer aux anciens budgets, au budget de 1847, par exemple, qui se soldait par 1,455,674,518 fr., pour faire ressortir une augmentation apparente de 474 millions dans les dépenses publiques.

Il n'y a peut-être pas de travail plus intéressant et plus instructif que de rechercher les causes de cette augmentation apparente ou réelle ; mais il y a quelque chose de plus facile à faire qu'un pareil travail, c'est d'accuser tout simplement le gouvernement impérial de traiter sans ménagements les finances de l'État, de puiser « à volonté dans le trésor, » et de sacrifier au présent les ressources de l'avenir. Il ne reste plus qu'à introduire, à travers ces déclamations, quelques retours mélancoliques sur le degré de prospérité que la France n'aurait pas manqué d'atteindre « sous une administration plus économe et plus contenue, » et sur l'imprudence que la France a commise elle-même en congédiant brusquement le 24 février 1848 le gouvernement qui faisait son bonheur ; qu'à jeter en passant un mot d'amitié et de condoléance à la prohibition mourante, ou même à donner un souvenir touchant aux anciens impôts abolis ; l'on obtient ainsi à peu de frais de petits pamphlets financiers, d'où le public ne retient qu'une chose : c'est que le gouvernement impérial a augmenté de quatre ou cinq cents millions les dépenses du pays.

Qu'y a-t-il de fondé dans ces accusations ? C'est une question de chiffres. Les chiffres seuls peuvent l'élucider.

Une pensée se présente tout d'abord : c'est que le budget de l'État, ayant la forme, non d'un bilan commercial par doit et avoir, mais d'une sorte de grand-livre, qui comprend la description des principales opérations de trésorerie, qui enregistre des entrées et des sorties purement fictives ou pour ordre, etc., etc., doit être grossi par ses annexes, par cela seul qu'il grossit lui-même en principal ; de telle sorte que son accroissement apparent soit double ou triple de son accroissement réel.

En d'autres termes, quand les dépenses publiques s'accroissent réellement d'une somme de 100 millions par exemple, par ce seul fait, les frais de recouvrement, les non-valeurs et les dépenses d'ordre s'accroissent à leur tour dans une proportion quelconque, qui souvent n'est pas moindre de 25 à 30 pour 100. C'est ce qui va ressortir très-clairement d'une comparaison générale entre le projet de budget de 1847 et le projet de budget de 1862.

Le projet de budget de 1847 s'élevait, en dépenses totales, à fr. 1.455.674.518

Y compris des dépenses extraordinaires pour fr. 120.957.500

Le service ordinaire était donc de fr. 1.334.717.018

Report.		1.334.717.018
Dont il fallait déduire :		
1° Pour frais de régie, recouvrement et perception des impôts. .	151.843.390	341.432.240
2° Pour remboursements, restitutions et non-valeurs.	69.588.855	
3° Pour dépenses d'ordre approximativement.	120.000.000	
Et il restait un résidu effectif pour les charges de l'État de.		993.284.778

Le projet de budget de 1862 s'élève en totalité à.		1.929.448.725
Dont pour dépenses extraordinaires..		44.430.000
Le service ordinaire comporte donc une somme de.		1.885.018.725
Dont il faut déduire :		
1° Les frais de régie, etc. . .	211.635.173	619,119.313
2° Les non-valeurs, etc. . . .	112.304.116	
3° Les dépenses d'ordre. . . .	295.180.024	
Et il reste un résidu effectif pour les charges de l'État de.		1.265.899.412

Ainsi les dépenses ordinaires de 1862 étant prévues à fr.	1.885.018.725
présentent sur celles de 1847, qui n'étaient que de fr.	1,334.717.018
un excédant apparent de fr.	550.301.707

Mais comme les frais de recouvrement, les non-valeurs et les dépenses d'ordre s'élèvent pour 1862 à fr.	619.119.313
Et qu'elles n'étaient prévues pour 1847 qu'à. . .	341.432.240
Et se sont ainsi augmentées de fr.	277.687.073

Il en résulte que la comparaison entre les dépenses nettes de 1862, qui sont prévues à	1.265.899.412
Et celles de 1847, prévues à	993.284.778
Ne laisse subsister qu'une différence de fr. . . .	272.614.634

L'augmentation des frais de perception et des non-valeurs suit naturellement l'augmentation des recettes; celle des dépenses d'ordre s'explique par un fait général : c'est que les ressources spéciales qui en sont la contrepartie ont suivi la progression du revenu public, ce qui ressort du petit tableau ci-dessous relatif à quelques-unes de ces ressources spéciales :

	1847	1862
	—	—
Dépenses départementales par le ministère de l'intérieur	86.169.022	118.620.000
Instruction primaire	4.815.500	6.210.000
Pensions de retraite	5.933.000	13.577.000
	96.917.522	138.407.000

Ce qui, pour trois articles seulement, atteste une augmentation de 41,500,000 francs.

Mais la différence ci-dessus indiquée de 272,614,634 dans les dépenses du budget à quinze ans de distance, représente-t-elle l'accroissement réel des dépenses de l'État? Non; il faut, pour trouver le chiffre réel, ne faire porter la comparaison que sur des termes parfaitement identiques. Or, le budget de 1862 comprend, entre autres, trois chapitres de dépenses qu'il en faut retrancher pour rester dans le vrai, à savoir :

1° Les dépenses afférentes aux trois départements annexés . . . . francs.	13.113.366
2° Les dépenses de la télégraphie privée, service qui n'existait pas en 1847 (1), et qui est une source de revenus pour le trésor.	7.600.000
3° Les dépenses des détenus et condamnés, autrefois départementales, maintenant à la charge de l'État, environ	10.000.000
Ensemble fr.	30.713.366

Retranchant de la somme ci-dessus : .	272.614.634
Les trois articles que nous venons d'énumérer. .	30.713.366
Il reste définitivement, comme point de comparaison avec l'exercice 1847, une somme de	241.901.268

(1) Déduction faite de 1,100,000 francs que comportait, en 1847, le service de la télégraphie aérienne.

Voilà donc tout le fond de cette fantasmagorie : de 1847 à 1862, c'est-à-dire en quinze années, dont les dix dernières ont été signalées par deux grandes guerres, cinq mauvaises récoltes consécutives et un développement inouï dans les travaux publics, comme dans toutes les branches de l'activité nationale, nos dépenses réelles se sont accrues d'une somme de 218 millions de francs. Cet accroissement est-il dû à des nécessités impérieuses, ou provient-il, comme on l'insinue, des fantaisies coûteuses d'une administration imprévoyante et prodigue? Enfin, cette augmentation de charges publiques est-elle le fait du gouvernement impérial, ou est-elle l'héritage que lui ont laissé ceux qui le précédèrent au pouvoir? Avant d'aborder ces questions, voyons quelle a été, dans l'accroissement général, la part respective des services civils, des services de la guerre et de la marine, et de la dette publique.

La justice coûtait, en 1847, 25,608,000 fr. (1) ; elle ne coûtait, au dernier budget réglé, celui de 1858, que 26,500,000 francs; mais elle figure au budget de 1862 pour 31,500,000 francs, c'est-à-dire avec 5 millions d'augmentation sur 1847, parce que de 1858 à 1861 le Corps Législatif a voté diverses annuités destinées à augmenter les traitements si notoirement insuffisants de la magistrature, et qu'en 1861, outre l'annuité de 1,461,325 francs, applicable à cette augmentation, il a fallu mettre à la charge de ce département les traitements des magistrats dans les trois nouveaux départements; en négligeant cette dernière somme, montant à 605,500 francs, l'augmentation présentée par le budget de la justice de 1847 à 1862, se réduit à 4,300,000 francs.

Les affaires étrangères étaient prévues au budget de 1847 pour environ 9,500,000 francs (2) ; elles sont portées au budget de 1862 pour 11,214,000 francs ; c'est une différence de 2 millions, y compris une augmentation de 452,000 francs réclamés cette année pour améliorer la situation de quelques agents diplomatiques et les aider à soutenir leur rang devant des représentants des grandes puissances étrangères.

Quant aux services du ministère de l'intérieur, S. Exc. M. Magne, ministre d'État sans portefeuille, dans la discussion de l'adresse du Corps Législatif, séance du 18 mars dernier, établissait qu'entre 1847 et 1858 il n'y avait qu'une différence de 5,400,000 francs. En employant d'autres calculs que ceux de M. Magne, nous arrivons à un

(1) D'après le règlement définitif du budget de 1847, les dépenses réelles ont été beaucoup plus fortes. Cette observation s'applique à tous les chapitres qui vont suivre. Ainsi notre comparaison est plus avantageuse à l'exercice 1847 qu'à l'exercice 1862.

(2) Elles ont coûté réellement 10,215,000 francs.

résultat identique et non moins précis. La comparaison ne peut pas s'établir entre les deux budgets de l'intérieur, pris en masse, car il n'y a plus de parité, mais seulement entre les services subsistants ; ainsi le département de l'intérieur, en 1847, comprenait les beanx-arts, les théâtres, les archives, etc., qui ont été depuis transférés au ministère d'État. Voici la nomenclature et le chiffres des services subsistants au département de l'intérieur :

	1847	1862
	—	—
Administration centrale personnel et matériel	1.200.000	1.739.200
Dépenses secrètes	932.000	2.000.000
Lignes télégraphiques	1.133.000	8.700.000
Gardes nationales	173.000	80.000
Secours et subventions	3.555.000	3.000.000
Traitements des fonctionnaires administratifs	3.205.200	5.000.000
Commissaires de police et de librairie	118.000	1.100.000
Abonnements de préfectures et sous-préfectures	5.000.000	5.927.000
Inspect. administratives	130.000	234.500
Dépenses des condamnés et des prisons	7.280.000	18.850.000
Matériel des cours royales et impériales	810.000	850.00fi
Total. francs.	23.536.200	47.480.700

Mais, depuis 1847, le service des lignes télégraphiques privées a été établi par le système électrique; il est devenu une source abondante de revenus pour l'Etat ; ses dépenses d'établissements et d'entretien se sont élevées en proportion ; ce n'est plus une charge publique ; c'est un impôt indirect analogue à celui des postes ; il faut donc le déduire des deux côtés pour avoir un terme de comparaison exact. D'autre part, le service des condamnés s'est accru de 8 à 10 millions de francs laissés autrefois à la charge des départements et qui sont maintenant supportés par l'Etat ; il est donc également juste de le déduire ; et l'on aura la comparaison suivante :

	1847	1862
Total des services de l'intérieur, comme ci-dessus	23.536.200	47.480.700
A déduire le service télégraphique. .	1.114.200	8.700.000
Reste.	22.422.000	38.780.700
Et le service des condamnés.	7.410.000	18.850.000
Reste en définitive	15.012.000	19.930.700
Déduisant.		15.012.000
Augmentation de 1862 sur 1847		4.918.700
A déduire en 1862 pour les trois nouveaux départements.		718,900
L'augmentation définitive n'est plus que de.		4.199.800

Cette augmentation a été absorbée à peu près par moitié par l'élévation du traitement des préfets, des sous-préfets et conseillers de préfecture, descendu naguère au-dessous de toute limite raisonnable, et pour le reste par l'accroissement des dépenses de surveillance et de sûreté, comprenant l'institution si utiles des commissaires de police cantonaux et le développement des commissariats de police auprès des administrations de chemins de fer, développement qui a naturellement accompagné l'extension progressive du réseau de nos voies ferrées.

Arrivons au service général du ministère des finances, non compris, bien entendu, la dette publique et ses annexes. Ces services étaient évalués en 1847 à 17,591,184 (1). En 1862, ils figurent au budget pour 21,765,772 fr., dont il faut déduire 253,500 francs pour le service des nouveaux départements annexés. C'est un accroissement de 4 millions en quinze années, et l'on ne doit pas oublier que dans cette somme figurent les dépenses du service de trésorerie, qui s'accroissent d'elles-mêmes par le seul fait de l'accroissement des recettes publiques, puisqu'elles sont proportionnées à l'importance des fonds recouvrés et mis en mouvement.

Les dépenses de l'instruction publique se sont élevées de 18,314,893 à 23 millions, dont il faut déduire 659,000 francs pour les trois nouveaux départements. C'est donc une augmentation de 4,341,000 francs dont 3 millions ont profité aux instituteurs pri-

(1) Ils ont coûté réellement 20,400,000 francs.

maires, et le surplus aux professeurs et maîtres des lycées, ainsi qu'aux professeurs de nos grands établissements scientifiques et littéraires. Voilà certainement de l'argent bien employé.

Les cultes coûtaient en 1847 environ 39 millions ; ils sont portés au budget de 1862 pour 49,869,936 francs, y compris 1,705,400 fr. afférent aux trois départements annexés, et 885,000 francs pour le service des cultes en Algérie. C'est donc une augmentation de 8,200,000 francs. Près de 4 millions, c'est-à-dire de moitié de cette augmentation, ont profité au traitement des desservants par l'établissement de nouvelles succursales des paroisses ; et 2 millions ont été affectés à l'augmentation du crédit pour la restauration des cathédrales. Cette marque de pieuse sollicitude pour les intérêts religieux ne saurait être l'objet d'aucune critique, et ceux qui censurent si amèrement l'administration impériale passeront sans doute légèrement là-dessus, ne voulant ni l'accuser de prodigalité envers le clergé, ni reconnaître sa générosité désintéressée.

Quant au ministère de l'agriculture, du commerce et des travaux publics, dont les dépenses, au moins pour ce dernier ordre de services, sont essentiellement variables, il nous suffit de constater que l'ensemble de son budget ordinaire, qui s'élevait en 1847 à 76,489,590 fr., ne s'élève, pour 1862, qu'à 73,569,300 fr., dont il faut défalquer, pour les nouveaux départements, 2,008,400 fr. ; reste donc 71,560,900 fr. auxquels il est juste d'ajouter, pour avoir une comparaison exacte, la somme de 3,079,000 fr., montant du budget des haras reporté au ministère d'État, ce qui élève le chiffre à comparer à la somme totale de 74,639,900, inférieure de 1,850,000 fr. au budget de 1847. Cependant l'agriculture et les haras ont profité depuis 1847 d'une allocation supplémentaire de 2,700,000 fr., et les manufactures et le commerce de 1,500.000 fr. ; mais l'ensemble des travaux ordinaires est un peu plus faible qu'en 1847 ; enfin les dépenses de l'administration centrale du ministère sont naturellement moindres que celle des deux ministères séparés des travaux publics et de l'agriculture tels qu'ils existaient en 1847.

Les services civils que nous venons d'énumérer présentent donc les augmentations suivantes :

Justice.	4.300.000
Affaires étrangères.	2.000.000
Intérieur.	4.199.800
Finances.	4.000.000
A reporter.	14.499.800

Report. . . .	14.499.800
Instruction publique.	4.341.000
Cultes.	8.200.000
	27.040.800
A déduire la diminution sur le département des travaux public, de l'agriculture et du commerce.	1.850.000
Reste pour les services civils une augmentation de fr.	25.190.800

M. Magne était donc plutôt au-dessus qu'au-dessous du chiffre vrai, lorsqu'il évaluait à 2 millions par an l'augmentation moyenne de la dépense des services civils. La vérité est qu'ils ne se sont accrus que d'environ 25 millions en 15 années, soit d'un million et deux tiers par an seulement.

Il nous reste à examiner la marche de nos dépenses militaires et celle de la dette publique de 1847 à 1862.

V

Nous avons suivi la marche des services civils, de 1847 à 1852. Les services généraux de la défense du pays, marine et guerre, présentent des accroissements relativement plus forts, sans qu'on puisse cependant les considérer comme exagérés, eu égard aux nécessités impérieuses auxquelles il a fallu pourvoir et dont nous indiquerons tout à l'heure la nature.

Comparons d'abord les chiffres prévus pour 1847 et pour 1862.

	homm.	chev.	
En 1847,			
L'effectif fixé à.	339.765	81.670	
coûtait fr.			325.603.957
En 1862.	400.000	85.705	372.972.421
En plus.	60.235	4.035	47.368.464
A déduire pour les trois nouveaux départements. .			864.231
Reste.			46.564.233

Cette augmentation tient à des causes dont quelques-unes ont un caractère politique et affectent la sûreté générale de l'Empire et l'organisation de l'armée : telles que l'élévation du chiffre de l'effectif général et en particulier celui de l'artillerie et du train des équipages, par suite de la réorganisation de ces deux corps, et la présence des jeunes soldats de la deuxième portion du contingent dans les dépôts d'instruction. Les autres causes de l'augmentation signalée sont tout à fait indépendantes de la volonté du gouvernement et correspondent à des nécessités qu'il a subies sans pouvoir les modifier; ainsi le supplément de 3 cent., attribué depuis 1857 à l'ordinaire des troupes à raison de l'élévation croissante du prix des denrées alimentaires, après avoir été longtemps l'objet de crédits extraordinaires renouvelés chaque année, a pris forcément place dans les dépenses permanentes du budget; l'augmentation permanente du prix des fourrages, des étoffes propres à la confection des effets d'habillement, etc., a produit une élévation correspondante dans le budget de la guerre et de la marine.

Le budget de la marine et des colonies présente les points de comparaisons suivants :

	Marine.	Colonies.	Total.
	—	—	—
1862.	126.015.419	23.322.400	149.337.819
1847.	103.820.914	22.382.740	126.203.654
En plus..	22.194.505	939.660	23.134.165

Si l'on se rappelle que le budget du matériel de la marine est établi, depuis le 1er janvier 1857, de manière à comprendre une somme de 16 ou 17 millions par an en accroissement de valeur pour la flotte et les ports, on voit que l'augmentation réelle du budget de la marine ne dépasse pas 6 millions, y compris 1 million pour les colonies, malgré l'accroissement de notre effectif maritime. Ces chiffres prouvent qu'une sévère économie préside à l'administration de cette partie si importante de notre puissance nationale.

Prises en bloc, la guerre, la marine et les colonies présentent, relativement aux prévisions du budget de 1847, une augmentation de 67,700,000 fr. Nous n'insisterons pas sur les considérations sommaires que nous avons déjà fait valoir pour expliquer la plus grande partie de cet accroissement de nos dépenses. En pareille matière la question des finances s'efface, pour ainsi dire, derrière une question de patriotisme et d'honneur. Le fait est que la France a été, en dix années, replacée au premier rang des nations, et que le gouvernement impérial, sans exagérer les forces militaires et maritimes du pays, l'a mis à la hauteur de son rôle et de ses destinées. L'armée et la flotte, plus nombreuses, mieux payées, mieux nourries, mieux vêtues, mieux approvisionnées, sont l'armée et la flotte de l'Alma, d'Inkermann, de Traktir, de Sébastopol, de Bomarsund, de Kinburn. de Magenta, de Solferino, de Peïho et de Pékin. Ne regrettons pas une augmentation de 70 millions pour elles : c'est bien peu d'argent pour tant de gloire.

Un seul mot encore, sans aucune réflexion : l'armée et la marine réunies sont inscrites au budget de 1862 pour 539 millions, y compris les 17 millions du gouvernement général de l'Algérie ; ces mêmes services ont coûté 569 millions en 1848.

Arrivons à la dette publique. Le chiffre total de la dette inscrite et de la dotation de l'amortissement, s'élève pour

1862, à fr.		459.550.923
Ce même total était pour 1847 de fr.		288.325.017
D'où ressort une augmentation apparente de fr.		171.225.906
Mais, en déduisant du chiffre de.		459,550.923
1° Les rentes appartenant à la caisse d'amortissement.	43.332.881	142.928.909
2° La dotation annuelle de l'amortissement.	99.596.028	
Il reste comme rentes actives, c'est-à-dire dues à des tiers, fr.		316.622.014
En 1847, les rentes inscrites s'élevaient à fr.	239.438.452	
A déduire les rentes appartenant à la caisse d'amortissement.	64.390.115	
Restait comme dettes actives. . .	175,048.337	175.048.337
Augmentation en 1862, fr.		141.573.677

Cette somme de 141,573,677 fr. représente l'augmentation réelle de la dette publique depuis 1847 ; car, ainsi que l'a très-justement fait remarquer M. Casimir Périer dans un récent écrit, les dettes actives, c'est-à-dire celles que l'État doit à des tiers, constituent seules la véritable dette de l'État.

Au 1er mars 1852, les rentes actives s'élevaient à f.	230.768.863
Elles n'étaient au 1er mars 1848 que de.	176.845.367
L'augmentation de 1848 à 1852, sous le gouvernement de la république, a donc été de.	53.923.496

Si de l'augmentation des rentes actives de 1847 à 1862, soit fr.	141.573.677
On retranche l'augmentation produite, de 1847 à 1852.	53.923.496
Il reste une somme annuelle de rentes de.	87.650.181

Cette somme de 87,650,181 fr. de rente annuelle représente la dette créée par le gouvernement impérial, et se compose des intérêts du capital de 2 milliards successivement emprunté pour la guerre de Crimée et la guerre d'Italie, plus des rentes inscrites pour consolidation des réserves de la caisse de dotation de l'armée et pour quelques autres ressources spéciales très-restreintes.

Il nous paraît inutile de discuter cette augmentation. Ici encore, la question n'est pas financière ; elle est purement politique, et se réduit à savoir si le gouvernement impérial a eu tort en 1854 de défendre l'équilibre européen menacé par la prépondérance de la Russie en Orient, en 1859 de défendre l'influence française menacée par la prépondérance de l'Autriche en Italie. Mais cette question n'en est plus une : car le pays a manifesté sous toutes les formes son entière adhésion à cette politique hardie et prévoyante.

Pour ne rien omettre, il faut citer les trois autres sections de la dette publique. Et voici le tableau comparatif :

	1847.	1862.
Emprunts spéciaux pour canaux et travaux divers.	9.957.796	9.486.726
Intérêts de capitaux remboursables à divers titres (dette flottante, etc.)	25.000.000	37.059.832
Dette viagère (pensions militaires et civiles, etc.).	55.172.816	72.767.981
	90.130.612	119.314.539

Mais il est facile de reconnaître, par l'examen des deux budgets, que déduction, faite sur la section de la dette viagère montant pour

1862 à	72.767.981
des recettes d'ordre applicables aux pensions militaires et civiles	15.177.000
Il ne reste pour cette section qu'une somme de .	57.590.981

sensiblement égale à celle qui était portée pour le même objet au budget de 1847. Cette égalité finale, à 2 millions près, s'explique en ce que les pensions civiles, qui étaient autrefois servies par des caisses particulières, figurent maintenant au budget général, auquel elles ont apporté en même temps des ressources correspondantes. Il faut donc, du total des trois sections ci-dessus de la dette publique, montant à francs 119.314.539

Déduire les recettes d'ordre ; soit, francs	15.177.000
Et il reste une somme de francs.	104.137.539
Les services correspondants coûtaient en 1847, francs	90.130.612
Et l'augmentation pour 1862 ressort à.	14.006.927

Cette augmentation appartient pour 2 millions environ aux pensions, pour 6 millions au service des intérêts de la dette flottante, pour 5 millions au service des intérêts du prêt de 75 millions fait par la Banque de France, pour 800,000 fr. au service des intérêts des cautionnements, et pour 200,000 fr. au rachat des péages du Sund et des Belts.

Enfin, la deuxième partie du budget des finances, comprenant la dotation et les dépenses des grands pouvoirs, comporte une augmentation de 29 millions, résultant de dispositions constitutionnelles et placées, par conséquent, hors du cercle de la discussion. Dans cette somme est compris un supplément de près de 8 millions à la dotation de la Légion d'honneur.

Ainsi, sans prétendre établir une synthèse rigoureuse que ne comportent pas les éléments très-complexes dont nous nous sommes servis pour des comparaisons spéciales, on peut estimer que les augmentations relatives de 1862 sur 1847 se résument ainsi :

Services civils, en nombre ronds.	25 millions.
Guerre et marine.	69.5
Dette publique	141.5
Dette flottante et viagère.	14 »
Dotations, etc	29 »
	279 millions.

Ce chiffre, pris en bloc, dépasse d'environ 37 millions le chiffre rond de 242 millions que nous avons déduit de nos comparaisons générales comme représentant le véritable accroissement des dépenses publiques comparativement à 1847. Ce désaccord provient d'un fait très-simple : c'est qu'il nous était absolument impossible, dans les comparaisons de détail, de faire abstraction des dépenses d'ordre, à moins de rendre notre travail encore plus aride par des calculs justificatifs multipliés et minutieux. Ainsi, pour ne citer qu'un exemple, nous avons comparé purement et simplement le budget de l'instruction publique de 1862 avec le même budget pour 1847 et nous avons trouvé qu'il présentait une augmentation de 4,341,000 francs. Si nous avions tenu compte des dépenses d'ordre, nous aurions dû faire remarquer que les dépenses de l'instruction primaire sur ressources spéciales comprises pour ordre dans le budget de 1862, et s'élevant à fr. 6,210,000

N'étaient comprises au budget de 1847 que pour. . . . 4,815,500

Différence fr 1,394,500

dont nous aurions dû dégrever le budget de 1862, ce qui eût fait descendre de 4,341,000 à 2,946,500 fr. l'augmentation du budget de l'instruction publique, comparativement à 1847. Mais comme ce travail de déduction eût été nécessaire non-seulement pour chaque budget particulier, mais encore pour chaque chapitre, il était évidemment impraticable dans le cadre que nous nous sommes tracé. Ajoutons que les dépenses d'ordre ne sont pas toujours faciles à discerner, du moins quant aux détails, dans les budgets antérieurs au budget de 1853, et c'était là une difficulté sans remède.

D'ailleurs, nous croyons avoir pénétré assez profondément au cœur de notre édifice financier pour en donner une idée nette et conforme à la vérité des choses. Si l'on nous a suivi avec quelque attention, on sera convaincu, nous l'espérons, que les finances de l'Empire ne méritent aucune des critiques amères et passionnées dont elles ont été tout récemment l'objet. L'augmentation du chiffre de la population, tant par des causes naturelles que par l'heureuse et pacifique extension du territoire national, l'accroissement normal du revenu public entraînant comme conséquence l'accroissement des frais généraux de l'État, l'enchérissement progressif des matières premières et des denrées entraînant également comme conséquence, l'accroissement des frais d'entretien, de nourriture et de matériel de l'armée, ainsi que l'élévation du traitement des employés dans un pays démocratique où les fonctions publiques doivent rester accessibles à tous; enfin, les événements politiques qui ont forcé l'État à recourir au crédit : telles sont les causes multiples de la marche ascendante de nos budgets.

On y trouve à chaque ligne des traces d'une pensée prévoyante, juste et libérale, nous défions qu'on y trouve une preuve d'incurie et de prodigalité.

VI

La discussion du budget dans le Corps Législatif a modifié quelques-unes des données qui précèdent. La commission législative, par l'organe de son savant rapporteur, l'honorable M. Busson, a obtenu sur le chiffre des dépenses des réductions s'élevant à 771,341 fr., les seules que le conseil d'État ait consenti à admettre. Les réductions d'ensemble proposées par la commission montaient à environ 8 millions. La plus forte de ces réductions, fixée à 2,500,000 fr., portait sur le budget de la guerre, et avait pour but de maintenir l'effectif de l'armée dans les limites fixées par le budget de 1861. Les autres, réparties sur une multitude de chapitres, étaient trop nombreuses et trop fractionnaires pour pouvoir être indiquées ici.

Par contre, la commission, persuadée que le meilleur moyen de maintenir l'équilibre des budgets consiste à établir des prévisions les plus exactes possibles, a spontanément proposé d'élever les dépenses de certains chapitres dont l'évaluation lui paraissait trop faible. C'est ainsi qu'elle a, d'accord avec le conseil d'État, augmenté de 3 millons la somme destinée à pourvoir aux intérêts de la dette flottante; de 1,152,388 fr. les crédits demandés pour les vivres de l'armée, et de 1,509,750 fr. les crédits demandés pour les fourrages : ce qui correspond à une augmentation d'un centime par ration pour les vivres et de cinq centimes pour les fourrages.

L'évaluation des recettes a également subi quelques modifications. Ainsi le produit présumé des recettes a été réduit de 2 millions. D'autre part, la création d'obligations trentenaires pour subvenir aux dépenses de constructions de chemins de fer mises à la charge de l'État a donné lieu à un remaniement dans la configuration intérieure du projet de budget ; la somme de 12,540,000 fr. prévue pour le service des annuités dues aux compagnies pour le service des obligations déjà créées, a été retranchée du budget des travaux publics et reportée au compte de la dette de l'État. D'autre part, le produit de la négociation des obligations trentenaires, produit sur lequel doit être prélevée la somme nécessaire pour acquitter les annuités dues aux compagnies a été portée comme ressources extraordinaires dans le budget des recettes jusqu'à concurrence de 35 millions. Ainsi les recettes ont été diminuées de 2 millions et accrues de 35, soit un accroissement définitif de 33 millions, comparativement au projet du gouvernement.

Ainsi amendés, les chiffres généraux du budget, qui primitivement présentaient la balance suivante :

Dépenses ordinaires et extraordinaires.	1,929,448,725
Voies et moyens	1,941,030,275
Excédant des recettes.	11,581,550

Se présentent maintenant ainsi :

Dépenses ordinaires et extraordinaires.	1,969,757,188
Voies et moyens.	1,974,057,185
Excédant des recettes.	4,299,997

Certes, la diminution de dépenses de 771,341 fr. consentie par le conseil d'État est insignifiante ; mais la diminution totale de 8 millions, proposée par la commission sur l'ensemble des services, nous paraît elle-même bien minime, s'appliquant à un budget évalué à 1,970 millions en nombre ronds, puisqu'elle n'équivalait qu'à quatre pour mille de la dépense totale, ou quatre dixièmes pour cent. Nous y voyons une nouvelle preuve de cette vérité financière et politique, qu'il est plus facile de souhaiter théoriquement la réduction des dépenses que de la réaliser d'une manière pratique, puisqu'une commission, animée d'un très-vif désir d'économie, et pourvue d'ailleurs de toutes les lumières nécessaires pour atteindre son but, n'était parvenue à indiquer qu'une réduction de 8 millions, non sans toucher à la question très-délicate de l'effectif de l'armée, tandis qu'elle a très-facilement prouvé la nécessité d'accroître, dans une proportion beaucoup plus forte, les évaluations de dépenses.

L'élégant rapport de l'honorable M. Busson contenait, d'ailleurs, des observations très-dignes d'intérêt au sujet du mode de discussion du budget et des crédits extraordinaires et supplémentaires.

Le gouvernement impérial, on se le rappelle, a pris l'engagement, pendant la discussion de l'adresse, d'étudier les moyens de rendre au Corps Législatif les facilités plus grandes qu'il trouvait dans le texte primitif de la Constitution du 14 janvier 1852, modifié ultérieurement par le sénatus-consulte du 25 décembre suivant. Il est certain qu'entre le vote par ministère, qui laisse peu de latitude à l'initiative du Corps Législatif et le vote par chapitre, si cher aux assemblées parlementaires, parce qu'il leur permettait de s'immiscer dans les moindres détails de l'administration, on peut trouver un moyen terme. C'est ce moyen terme que le gouvernement s'est promis de rechercher dans l'intervalle de la dernière session et de la session de 1862.

Ce qui importe évidemment le plus au maintien de l'ordre des finances et au contrôle efficace du Corps Législatif, c'est la question des crédits supplémentaires, puisque, en l'absence de toute nomenclature de services votés, les crédits supplémentaires, comme le fait remarquer très-justement M. Busson, peuvent s'appliquer à tous les services et être motivés seulement par l'épuisement du chapitre inscrit au budget.

Évidemment il y a quelque chose à faire; mais quiconque connaît l'esprit progressif et sage qui anime le gouvernement de l'Empereur et son incessante application à répondre à tous les vœux légitimes du pays, doit se dire que, puisqu'il y a quelque chose à faire, quelque chose sera fait.

Aussi n'hésitons pas à appuyer la solution proposée par M. Busson, et qui consisterait à diviser le budget par grands chapitres renfermant des dépenses de même nature, distinguant celles relatives au personnel et au matériel, celles qui sont invariables de leur nature ou dont les faits peuvent modifier la prévision et réclamer des allocations supplémentaires. « Cette large division, ajoute M. Busson, en donnant la spécialité au vote législatif, assurerait son efficacité; l'étendue de ces divisions, et par dessus tout l'initiative exclusivement réservée au gouvernement, laisseraient à l'administration toute sa liberté d'action et son indépendance. »

Il est impossible de mieux poser et à la fois de mieux résoudre la question.

FIN

Paris. — Imp. de L. Tinterlin et Ce, rue Neuve-des-Bons-Enfants, 8.

www.ingramcontent.com/pod-product-compliance
Ingram Content Group UK Ltd.
Pitfield, Milton Keynes, MK11 3LW, UK
UKHW022141260726
13993UKWH00005B/2077

9 782329 168098